(Je commence à lire)

Conception graphique : TATOO

ISBN 2-203-11064-3

Les chaussures magiques

'n texte de Christiane Renauld illustré par Corderoc'h

asterman

Martin avait deux paires de chaussures neuves et il était très fier.

Les unes étaient marron, à grosses semelles de crêpe, garanties contre la pluie, la neige, les ballons, le mur de l'école. De vraies chaussures d'aventurier.

Un seul ennui : les lacets.
Car les lacets sont des bêtes maléfiques, de redoutables serpents. Il faut pour les dompter beaucoup de ruse et beaucoup de patience.

Heureusement, il y avait les autres, les bleues. Celles-là s'enfilaient d'un seul mouvement du pied. Et elles étaient si fines, si souples !

De vraies chaussures de prince !... Mais ce que Martin ne savait pas encore, c'est que ses chaussures bleues étaient ensorcelées.

Il s'en aperçut le dimanche suivant.
Papa, Maman et Martin étaient invités à déjeuner chez Tante Marie.
Martin n'aimait pas du tout les invitations chez Tante Marie, car il n'aimait pas du tout Tante Marie.

D'abord, elle était très laide. Elle avait de tout petits yeux qui vous regardaient toujours comme si vous veniez de faire une bêtise, un vilain nez qu'elle fronçait sans cesse d'un air dégoûté, et un sourire qui ressemblait plutôt à une grimace.

Elle habitait dans une belle maison très propre où il fallait rester pendant des heures sans sauter sur les fauteuils, sans se rouler sur les tapis, sans faire de glissades sur le parquet...

Martin s'ennuyait terriblement.

Donc, ce dimanche-là, on allait chez Tante Marie. Et, pour la première fois, Martin se sentait tout joyeux.
Papa n'avait pas encore choisi sa cravate, Maman n'était pas encore coiffée, Martin était déjà tout prêt et piétinait devant la porte dans ses belles chaussures bleues.

Enfin, on part.
D'un bond, Martin est sur le palier,
un autre bond, il descend un étage.
Encore un, encore un ! Il accueille Papa
et Maman à la sortie de l'ascenseur.
– Déjà ! Mais comment as-tu fait ?
– Ce sont mes chaussures. Je vole.
Regardez !

Et il s'élance par-dessus les flaques d'eau. Hop ! Et hop ! Et hop !
Papa et Maman sont furieux :

– Tu vas voir ! Tu vas voir, un peu !

D'habitude, Martin se serait mis à pleurer, mais cette fois-ci... ils sont si drôles comme ça, tout rouges, tout essoufflés, serrant bien fort ses mains pour qu'il ne s'échappe pas.

On arrive.
Martin reconnaît les arbustes devant la maison, la grosse porte qui grince et la drôle de sonnette qui chante comme un oiseau.
Tante Marie apparaît.

Elle regarde Martin très attentivement, de la tête aux pieds :
– Comme tu es beau ! dit-elle.
Un véritable prince !
Et ses yeux n'ont pas du tout l'air fâché, son nez n'a pas du tout l'air dégoûté et son sourire éclaire tout son visage, comme un vrai sourire.

Papa et Maman embrassent Tante Marie, ils la félicitent de sa bonne mine. Ils ont complètement oublié Martin et ses belles chaussures. Alors tout doucement, sans faire de bruit, il prend son élan, et Vziip !...

... jusqu'au bout du couloir !

– Martin ça ne va pas recommencer, gronde Maman.

Et cette fois, vraiment, Tante Marie est formidable.

– Voyons ! intervient-elle, ne vous fâchez pas. C'est normal, avec des chaussures pareilles. Entrez plutôt au salon.

Mais Martin n'est pas à l'aise du tout. Il y a là ses jambes qui ne lui ont jamais paru aussi longues, et au bout de ses jambes, ses pieds dans leurs belles chaussures bleues... Il n'y tient plus. Il va bondir...
Tante Marie se penche sur lui.

– Martin, dit-elle doucement, tu devrais enlever tes chaussures.
Et elle avait raison.
Une fois les chaussures enlevées, les jambes se sont calmées, les pieds sont redevenus sages et...

Martin ne s'est pas ennuyé du tout.
Il a mangé mille choses merveilleuses et, au dessert, un gâteau... comme il n'en avait jamais vu.
Après le déjeuner, Tante Marie a ouvert le grand piano du salon et elle a joué pour Martin toutes les chansons qu'elle connaissait.

Martin a essayé à son tour de faire sortir la musique des touches blanches et noires mais il n'est venu que de pauvres notes toutes tordues et qui ne voulaient rien dire.

Alors Martin a compris ce que
personne n'avait deviné :
Tante Marie est une fée !...

Vers six heures, Papa a donné
le signal du départ.
Les chaussures bleues attendaient bien
sagement auprès du porte-parapluies.
Mais en s'approchant Martin remarqua
dans les rides qui s'étaient formées sur
le cuir, un drôle de petit sourire...

Heureusement, Tante Marie veillait.
Elle se baissa, les saisit d'une main ferme et les tendit à Martin.
Il les enfila... Ouf !
Alors la bonne fée lui chuchota à l'oreille :
"Une noisette de cirage bleu.
Un chiffon de laine bien douce...
Tu verras, elles t'obéiront".

Dehors, il pleuvait. Papa, Maman et Martin ont pris l'autobus qui venait de s'arrêter, comme par magie, devant la maison de Tante Marie et tout s'est très bien passé.

Martin a suivi le précieux conseil et, depuis ce jour, les chaussures bleues se sont montrées exemplaires.

Quant aux chaussures marron...
elles sont, dans toutes ses aventures,
son plus fidèle allié.

Car Martin est devenu
un redoutable dompteur de lacets.

Je m'appelle Martin

Ce livre vous a plu ?
Savez-vous que dans la collection (*Je commence à lire*), vous pouvez retrouver d'autres aventures de Martin, écrites par Christiane Renauld et illustrées par Corderoc'h ?

Titres parus :

Il fera beau demain
Un copain pour de bon
La maison dans le ciel
Le voyage en coquillage

Imprimé en Belgique par Casterman, S.A., Tournai
Dépôt légal: mai 1993; D. 1993/0053/130 .
Déposé au Ministère de la justice, Paris (loi n° 49.956 du 16 juillet 1949 sur les publications destinées à la jeunesse).